Analizando la Enseñanza del Trabajo en el Libro Profético de Daniel

La Enseñanza del Trabajo en la Biblia, Volume 18

Sermones Bíblicos

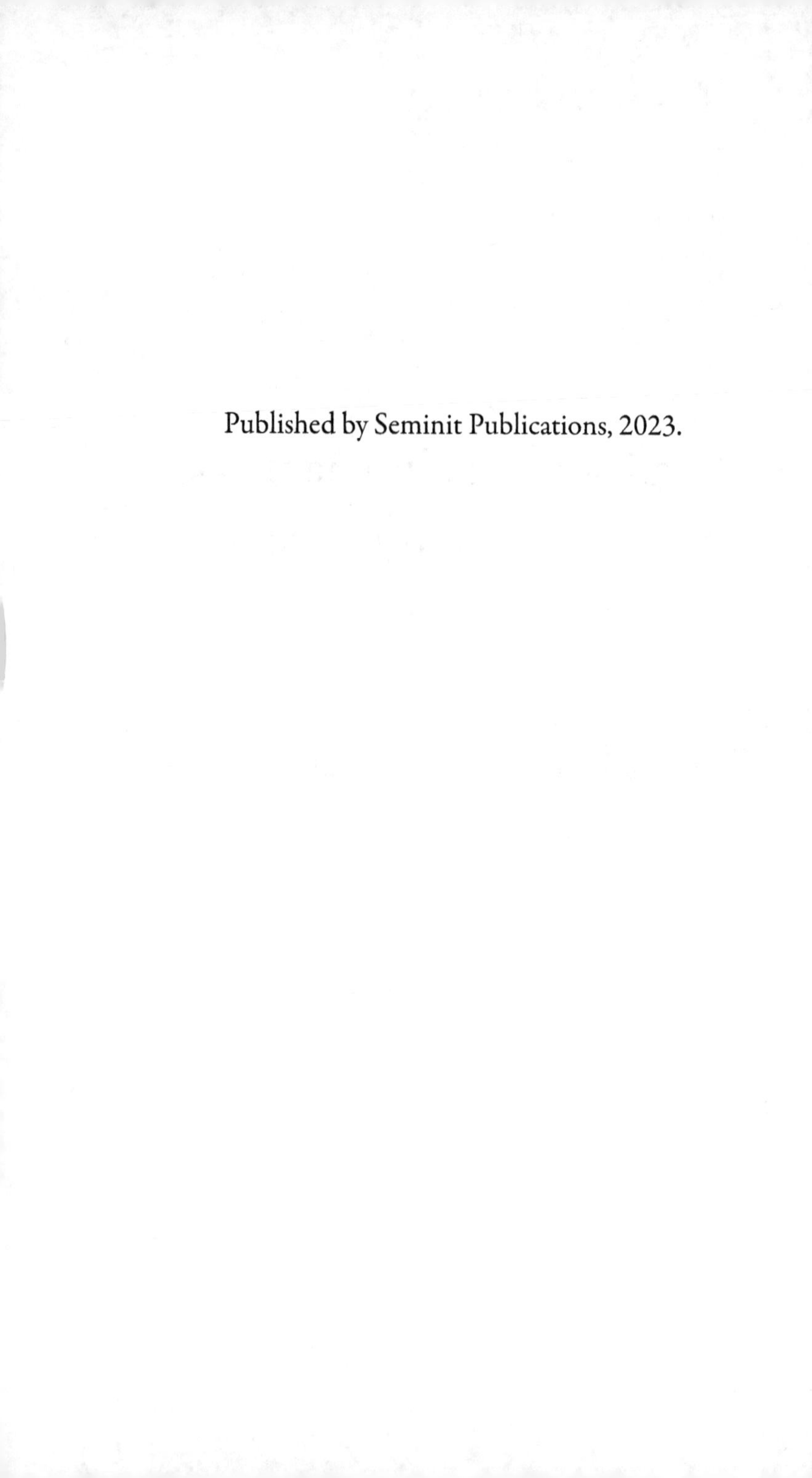Published by Seminit Publications, 2023.

While every precaution has been taken in the preparation of this book, the publisher assumes no responsibility for errors or omissions, or for damages resulting from the use of the information contained herein.

ANALIZANDO LA ENSEÑANZA DEL TRABAJO EN EL LIBRO PROFÉTICO DE DANIEL

First edition. July 8, 2023.

Copyright © 2023 Sermones Bíblicos.

Written by Sermones Bíblicos.

Also by Sermones Bíblicos

Estudiando El Tabernáculo de la Biblia
El Tabernáculo: Descripción de sus Componentes
Principios Bíblicos para una Iglesia: Ilustrados por El Tabernáculo
El Tabernáculo: En el Desierto y las Ofrendas
El Tabernáculo: Las Ofrendas Levíticas, el Sacrificio de Expiación
El Tabernáculo: Un santuario Terrenal

Estudio Bíblico Cristiano Sobrevolando la Biblia con Enseñanzas de la Sana Doctrina
Estudio Bíblico: Génesis 1. La Creación en Seis Días
Estudio Bíblico: Génesis 2. Estatutos de la Creación
Estudio Bíblico: Génesis 3. La Caída del Hombre
El Tabernáculo: En el Nuevo Testamento
Estudio Bíblico: Génesis 4. Aconteció Andando el Tiempo; Presente, Tributo, Oblación
Estudio Bíblico: Génesis 5. El Mensaje que Dios tiene para Nosotros en esta Genealogía

La Enseñanza en la Clase Bíblica

Los Cuatro Evangelios de la Biblia
Analizando Notas en el Libro de Mateo: Cumplimientos de las
Profecías del Antiguo Testamento

Los Cuatro Evangelios de la Biblia
Analizando Notas en el Libro de Marcos: Encontrando Paz en
Tiempos Difíciles
Analizando Notas en el Libro de Lucas: El Amor Divino de
Jesús Revelado
Analizando Notas en el Libro de Juan: La Contribución de Juan
a las Escrituras del Nuevo Testamento

Notas en el Nuevo Testamento
Analizando Notas en el Libro de los Hechos: Un Viaje de
Continuación en la Obra de Jesús

Personajes de la Biblia
Analizando Escenas Bíblicas: 62 Inspiradoras Enseñanzas
Cristianas del Antiguo Testamento

Profecías Bíblicas
Perfíl Profético: La Última Semana

Claras Palabras Proféticas: La Profecía Hecha Historia
Perspectiva de la Profecía: El Próximo Gran Acontecimiento
Desarrollo Profético de Dios: Las Señales de los Tiempos
Profecía Cronológica: Las Cosas que Sucederán en la Tierra
Seis Días Proféticos en la Biblia

Sermones de C. H. Spurgeon
La Procesión del Dolor

Sobrevolando la Biblia
Símbolos en la Biblia: Sana Doctrina Cristiana

Standalone
Cristo en Toda la Biblia: Estudio Bíblico
Notas en los Cuatro Evangelios: Comentario Bíblico
Analizando Lo que Está por Suceder: Las Profecías de Dios
Himnos del Evangelio
El Tabernáculo en la Biblia: Como Enseñar el Tabernáculo

Tabla de Contenido

Dedication

Daniel 1:2. *Con parte de los utensilios de la casa de Dios: los cuales llevó a la tierra de Sinar, a la casa de su dios; y metió los utensilios en la casa del tesoro de su dios.* Vean cómo las cosas santas, una vez usadas para los propósitos más nobles, dejan de ser útiles cuando el Espíritu de Dios desaparece de la Iglesia. Sabéis que cuando los filisteos capturaron el arca de Dios y la pusieron en el templo de Dagón, el dios pez cayó destrozado ante el arca. Nada de esto sucedió en Babilonia. Los vasos sagrados fueron colocados en el templo pagano, y no se produjo ningún resultado milagroso, porque a Dios no le importan los vasos de oro en sí mismos. Cuando el pecado ha contaminado a su pueblo, sus cosas preciosas no son nada para él. Pueden ir adonde a los hombres les plazca llevarlas. Todo su valor radica en que Dios acepta el servicio prestado a través de ellos. Así que, hermano, usted puede mantener su asistencia a la cena del Señor, y sus predicaciones, y sus reuniones para la adoración; pero todo esto no será nada sin el Espíritu de Dios. Mira cómo la cena del Señor se convierte en el sacrificio de la misa, y cómo el bautismo se representa como el canal o medio de regeneración, cuando una vez que el Espíritu de Dios se ha ido de las ordenanzas divinamente designadas. Además de estos vasos sagrados, Nabucodonosor tomó lo mejor del pueblo de la tierra y se lo llevó cautivo. Seleccionó a los ricos y a los nobles, a los que tenían educación y otros logros, mientras que dejó atrás a los más pobres de la tierra. A veces los más exaltados son los que más sufren.

— **Charles Spurgeon**

Introducción al Libro de Daniel

¿Es posible seguir a Dios y salir adelante en el mundo secular? Casi todos los cristianos se enfrentan a esta pregunta cada día en el lugar de trabajo, y muchos encuentran la respuesta tan difícil que sería más fácil rendirse. Daniel, el protagonista del libro de Daniel, se enfrentó a esta pregunta en circunstancias extremas. Exiliado de Jerusalén cuando el Imperio Babilónico conquista al pueblo de Dios, debe vivir su vida en un entorno hostil al Altísimo. Sin embargo, las circunstancias le colocan en una posición de gran oportunidad al servicio del rey de Babilonia.

¿Debería retirarse del profano y corrupto gobierno babilónico y vivir agradando a Dios en un enclave entre otros judíos? ¿O debería relegar su fe a una esfera privada y personal, quizá rezando a Dios en el armario, mientras experimenta la vida del poder y la influencia babilónicos de forma idéntica a los que le rodean? Daniel no elige ninguna de las dos opciones. En lugar de ello, se embarca en una prometedora carrera mientras permanece públicamente fiel a Dios. La historia de cómo navega por estas aguas traicioneras es a la vez un manual y un estudio de caso para los cristianos en el lugar de trabajo de hoy.

Visión general del Libro de Daniel

El libro de Daniel puede resultar confuso. Comienza de forma directa, presentando a Daniel y a sus compañeros mientras son presionados para conformarse a los placeres y vicios de la corte real babilónica. Pero la historia se vuelve cada vez más extraña a medida que sueños, visiones y profecías entran en la narración. Hacia la mitad (capítulo 7), el libro se vuelve particularmente apocalíptico, prediciendo el ascenso y la caída de futuros reyes y reinos mediante metáforas de extraños sucesos y criaturas. El género apocalíptico es notoriamente difícil de interpretar, aunque Daniel, al igual que el Apocalipsis (todo el libro de acontecimientos apocalípticos de la Biblia), proporciona bastante material valioso y relevante para la Obra, y merece la pena intentar darle sentido para la enseñanza de la Obra.

El gran cuadro de Daniel es que Dios viene a derrocar los reinos paganos, corruptos y arrogantes donde Su pueblo está en el exilio. Aunque Su pueblo está sufriendo ahora, este sufrimiento fiel es uno de los principales medios por los que se mueve el poder de Dios. Les proporciona una asombrosa capacidad para progresar en el presente y una brillante esperanza para el futuro, permitiéndoles desempeñar un papel significativo tanto en la supervivencia presente como en la promesa futura. Aquí exploraremos las implicaciones y aplicaciones de esta visión general para los cristianos en el lugar de trabajo hoy en día.

Introducción: El exilio en la Universidad de Babilonia (Daniel 1)

El libro de Daniel comienza con el desastre que acabó finalmente con el reino judío. Nabucodonosor (**605-562** a.C.), el rey de Babilonia, conquistó Jerusalén, derrocó a su rey y se llevó cautivos a algunos reyes y jóvenes nobles. Como era típico en el antiguo Oriente Próximo, Nabucodonosor se aseguró de vengarse de los dioses (o, en este caso, de Dios) de la nación derrotada saqueando el templo y utilizando sus antiguos tesoros para decorar la casa de su propio dios (Dan **1:1-3**). Esto nos dice que Nabucodonosor era enemigo no sólo de Israel, sino también del Dios de Israel.

Entre los jóvenes cautivos estaban Daniel y sus compañeros Ananías, Misael y Azarías. Fueron enrolados en un programa de adoctrinamiento diseñado para convertir a los exiliados en fieles servidores de su nuevo rey (Dan **1:4-5**). Esto era tanto una oportunidad como un desafío. La oportunidad era vivir una buena vida en una tierra hostil y quizás llevar el poder y la justicia de Dios a su nueva tierra. El profeta Jeremías instó a los exiliados judíos a hacer precisamente eso:

Así dice el Señor de los ejércitos, Dios de Israel, a todos los desterrados que he enviado al exilio desde Jerusalén a Babilonia: *"Construid casas y vivid en ellas, plantad huertos y comed del fruto de ellos*. Tomad mujeres y tened hijos e hijas, tomad mujeres para vuestros hijos y dad vuestras hijas a maridos para que tengan hijos e hijas, y multiplicaos allí y no disminuyáis. Y buscad el bienestar de la ciudad a la que os he conducido, y rogad por ella a Yahveh; porque en su bienestar encontraréis bienestar. (Jer **29:4-7**)

El reto al que se enfrentó Daniel fue adaptarse a este lugar a costa de ser fiel a su Dios y a su pueblo. Los temas que Daniel aprendió probablemente incluían la astrología, el estudio de las entrañas de los animales, los ritos de purificación, los conjuros de sacrificio, los exorcismos y otras formas de adivinación y magia. Estas asignaturas habrían sido intolerables para un judío devoto, y eran mucho más contrarias a la fe de Daniel de lo que lo son para los cristianos modernos la mayoría de las asignaturas de las universidades seculares actuales. Además, él y sus amigos tuvieron que aceptar cambios en sus propios nombres, que anteriormente habían proclamado su lealtad a Dios. No obstante, Daniel aceptó el reto, confiado en que Dios protegería su fe y su lealtad. Adoptó la educación babilónica, pero puso límites para evitar la asimilación real a la cultura pagana de sus captores. Se resistió a la rica dieta exigida a todos los aprendices negándose a *"contaminarse"* (Dan **1:8**). El texto no aclara qué era exactamente lo cuestionable de la dieta. Las tradiciones culturales en torno a la dieta son fuertes, especialmente para los judíos, cuyas leyes dietéticas los diferenciaban de las naciones circundantes (Lev. **11**; Deut. **14**). Tal vez seguir una dieta diferente era para Daniel un recordatorio diario de su fidelidad al Señor. O tal vez demostraba que su capacidad física dependía del favor de Dios, no de los requisitos dietéticos del rey. Tal vez la severidad de su dieta le impidió desarrollar un gusto por el lujo que más tarde pondría en peligro su independencia.

En cualquier caso, la discusión sobre la dieta de Daniel pone de relieve un punto mucho más profundo: Dios intervino en los acontecimientos de la vida de Daniel, así como en las vidas de Nabucodonosor, Babilonia y todas las naciones. El capítulo **1** refleja esta idea al principio cuando dice: "*Y el Señor entregó en su mano a Joacim, rey de Judá*" (Dan **1:2**) y "*Dios dio a Daniel favor y gracia*" (Dan **1:9**). El progreso de Daniel y sus amigos superó al de otros jóvenes, no por su ingenio o su dieta, sino porque "*Dios les dio conocimiento e inteligencia en toda clase de literatura y sabiduría*" (Dan **1:17**). La sabiduría de Daniel procedía de una fuente distinta a la selecta formación proporcionada por los maestros del rey, pues "*en todas las cosas de sabiduría y ciencia que el rey les preguntó, los halló diez veces mejores que todos los magos y hechiceros que había en todo su reino*" (Dan **1:20**). Esto marca la pauta para el resto del libro, pues el tiempo y los acontecimientos siguen demostrando la superioridad de la sabiduría de Daniel -y, lo que es más importante, el poder de su Dios- sobre la sabiduría y el poder de las naciones incrédulas y sus reyes (Dan **5:14**; **11:33-35**; **12:3, 10**).

Los cristianos en el lugar de trabajo experimentan hoy muchas situaciones similares a las de Daniel y sus amigos en el exilio en aquella universidad babilónica. No hay escapatoria del lugar de trabajo, a menos que nos retiremos del mundo en comunidades insulares o elijamos trabajar en instituciones exclusivamente cristianas, como iglesias o escuelas cristianas. El lugar de trabajo ofrece a muchos cristianos (aunque ciertamente no a todos) una variedad de oportunidades de beneficio personal, como un buen salario, seguridad en el empleo, logros profesionales y prestigio, condiciones de trabajo cómodas y un trabajo creativo e interesante. Estas cosas son buenas en sí mismas, pero pueden llevarnos a dos tipos de tentación: (**1**) el peligro de enamorarnos tanto de las cosas materiales que no estemos dispuestos a arriesgarnos a perderlas por mantenernos firmes en lo que Dios requiere de nosotros; y (**2**) el peligro espiritual de llegar a creer que las cosas buenas vienen como resultado de nuestro propio trabajo o ingenio, o como resultado de nuestro servicio a algún poder que no sea Dios.

Además, a menudo el trabajo nos obliga a entrar en arreglos que no son buenos en sí mismos, como el engaño, los prejuicios, el maltrato a los pobres y desprotegidos, la complacencia de deseos malsanos, el aprovecharse de los demás en sus momentos de necesidad, y muchos más. En nuestros días, como en los de Daniel, es difícil saber qué arreglos son buenos y cuáles son malos. ¿Era bueno o aceptable que Daniel y sus amigos estudiaran astrología? ¿Aprendieron a utilizar el conocimiento de los cielos sin dejarse atrapar por las supersticiones en las que se basa? ¿Es bueno que los cristianos estudien marketing? ¿Pueden aprender a utilizar los conocimientos sobre el comportamiento de los consumidores sin quedar atrapados en la práctica de la publicidad engañosa o las promociones que explotan a los clientes? El libro de Daniel no ofrece directrices concretas, pero señala algunas perspectivas cruciales:

- Los cristianos deben perseguir la educación, aunque esté fuera de los límites de la responsabilidad cristiana.
- Los cristianos deben aceptar empleos en entornos laborales no cristianos e incluso hostiles.
- Los cristianos que trabajan o estudian en entornos no cristianos o anticristianos deben tener cuidado de evitar la asimilación ciega a la cultura circundante. Las

prácticas cristianas incluyen:

- *Oración constante y comunión con Dios. Daniel oró tres veces al día durante toda su carrera (Dan **6:10**), y lo hizo con especial empeño en los momentos difíciles de su trabajo (Dan **9:3-4, 16-21**). ¿Cuántos cristianos oran realmente por los detalles de su vida laboral? El libro de Daniel muestra sistemáticamente que Dios se preocupa por los detalles específicos de la vida laboral...*

- *Cumplimiento firme de las marcas externas de la fe, aunque sean arbitrarias de alguna manera. Daniel no aceptó la abundante comida y el vino del rey porque eso habría comprometido su lealtad a Dios. Se podría discutir si Dios exige o no esta práctica concreta de forma universal, pero no cabe duda de que una fe viva requiere marcas vivas de los límites del comportamiento fiel. En Estados Unidos, un restaurante llamado Chick-fil-A no abre los domingos. Muchos médicos católicos no recetan anticonceptivos artificiales. Otros cristianos encuentran formas respetuosas de pedir permiso a sus colegas para rezar por ellos. Ninguno de ellos puede tomarse como un requisito generalizado, y de hecho todos pueden ser discutidos por otros cristianos, pero cada uno ayuda a sus practicantes a evitar el lento movimiento hacia la acomodación proporcionando marcadores coherentes y públicos de su fe.*

○ *Cooperación activa y rendición de cuentas a otros cristianos en el mismo ministerio. "A petición de Daniel, el rey nombró a Sadrac, Mesac y Abednego gobernadores de la provincia de Babilonia" (Dan **2:49**). Sin embargo, pocos cristianos se reúnen para compartir inquietudes, preguntas, éxitos y fracasos con otros trabajadores de su campo. ¿Cómo se supone que los abogados van a aprender a aplicar la fe a la ley si no es a través de un debate deliberado y regular con otros abogados cristianos? Lo mismo ocurre con los ingenieros, artesanos, agricultores, profesores, padres, directores de marketing y cualquier otra profesión. Crear y alimentar tales grupos es una de las grandes necesidades insatisfechas de los cristianos en el lugar de trabajo.*

○ *Construir buenas relaciones con los no creyentes en su lugar de trabajo. Dios hizo que el oficial que supervisaba la dieta de Daniel le mostrara bondad y compasión (Dan. **1:9**), y Daniel cooperó con Dios respetando al oficial y procurando su bienestar (Dan. **1:10-14**). A veces parece que los cristianos se desviven por enemistarse y juzgar a sus compañeros, pero Dios exige: "Si es posible, en cuanto esté en vosotros, vivid en paz con todos los hombres" (Ro **12:18**). Una práctica excelente es orar específicamente para que Dios bendiga a las*

> *personas que trabajan con nosotros.*
> - *Adoptar un estilo de vida modesto para que los apegos al dinero, el prestigio o el poder no interfieran con la posibilidad de arriesgar el propio trabajo o carrera si uno se siente presionado a hacer algo que es contrario a los mandamientos, valores o virtudes de Dios. A pesar de haber alcanzado el pináculo de la educación, la posición y la riqueza en Babilonia, Daniel y sus amigos estaban dispuestos a perderlo todo con tal de hablar y actuar de acuerdo con la Palabra de Dios (Dan 2:24; 3:12; 4:20; 5:17; 6:10, 21).*

Aunque Daniel encontró la manera de caminar por la cuerda floja de la asimilación cultural parcial sin comprometer sus valores morales y religiosos, el riesgo era grande. La carrera de Daniel e incluso su vida estaban en juego, así como la vida del funcionario babilonio al mando, Aspenaz (Dan 1:10). Pero por la gracia de Dios, Daniel mantuvo la calma y conservó su integridad. Incluso los enemigos de Daniel prefirieron admitir que *"no pudieron hallar motivo de acusación ni prueba alguna de corrupción, porque él era fiel, y no se halló en él negligencia ni corrupción"* (Dan 6:4).

Dios derrocará los reinos paganos y los sustituirá por su propio reino (Daniel 2)

El capítulo **2 de** Daniel presenta la visión de Dios derrocando los reinos paganos y reemplazándolos con Su propio reino.

Aunque Daniel prosperó y sirvió a Dios en medio de un territorio hostil, Nabucodonosor se inquietó en su gobierno sobre su propia tierra, a pesar de que su poder era indiscutible. Sus sueños lo atormentaban mientras se preocupaba por la seguridad de su reino. En un sueño, Nabucodonosor vio una estatua hecha de varios elementos de diferentes metales. *La estatua era enorme, pero una roca la golpeó, y "quedaron como la paja de las eras en verano", que "el viento... se llevó sin dejar rastro de ellos", pero la roca "que había golpeado la estatua se convirtió en una gran montaña que llenaba toda la tierra"* (Dn **2, 35**). Los magos, hechiceros y astrólogos de Nabucodonosor no le sirvieron para interpretar su sueño (Dn **2,10-11**), pero por la gracia de Dios Daniel supo cuál era el sueño -sin que el rey se lo dijera- y su interpretación (Dn **2,27-28**).

El episodio contrasta la arrogancia de Nabucodonosor con la humildad de Daniel y su dependencia de Dios. Nabucodonosor y su Babilonia eran modelos de orgullo. Según la interpretación de Daniel, las enormes partes metálicas de la estatua representaban los reinos de Babilonia y sus sucesores (Dan **2:31-45**). El saludo de los astrólogos al rey - "*Oh rey, vive para siempre*" (Dan **2:4**)- subraya la jactancia del rey de que él mismo es la fuente de su poder y majestad. Daniel, sin embargo, le transmite dos mensajes chocantes:

1. Tu reino no es el resultado de tus propias obras, sino que "*tú eres el Rey de reyes, a quien el Dios del cielo ha dado el reino, el poder, la grandeza y la gloria*" (Dan **2:37**). Por tanto, todo tu orgullo es necio y vano.

2. Tu reino está condenado. "*Como visteis que una piedra fue cortada del monte sin manos, y cómo desmenuzó el hierro, el bronce, el barro, la plata y el oro*". El gran Dios le ha dicho al rey lo que sucederá en el futuro. Así que el sueño es verdadero y la interpretación fiel" (Dan **2,45**). Aunque esto no sucederá durante su reinado, anulará sus supuestamente poderosos logros.

En cambio, la humildad personal -y su gemela, la dependencia del poder de Dios- fue el arma secreta de Daniel para progresar. La humildad le permitió avanzar, incluso en la situación extraordinariamente terrible de tener que decirle al rey que su propio reino estaba siendo destruido. Daniel negó cualquier capacidad personal y dejó claro que sólo Dios tiene poder y sabiduría: "*En cuanto al secreto que el rey desea conocer, no hay sabios, magos, hechiceros ni adivinos que puedan explicárselo al rey. Pero hay un Dios en el cielo que revela los secretos*" (Dn **2,27-28a**). Sorprendentemente, esta actitud humilde llevó al rey a perdonar e incluso aceptar el insolente mensaje de Daniel. Estaba dispuesto a ejecutar a todos sus astrólogos, pero "*se postró sobre* *su rostro y se inclinó ante Daniel*" (Dan **2:46**), y entonces "*el rey exaltó a Daniel y le hizo muchos regalos espléndidos y lo nombró gobernador de toda la provincia de Babilonia y jefe de todos los sabios de Babilonia*" (Dan **2:48**). Nabucodonosor incluso llegó a creer en *Yahvé* en algún nivel. El rey se dirigió a Daniel y le dijo: "*Verdaderamente tu Dios es un Dios de dioses, un Señor de reyes y un revelador de secretos, ya que has sido capaz de desentrañar este misterio*" (Dan **2:47**).

Esto ofrece dos puntos importantes para los cristianos en su trabajo de hoy:

1. Dios acabará con la arrogancia, la corrupción, la injusticia y la violencia en todos los lugares de trabajo, aunque no necesariamente durante el tiempo que trabajemos en ellos. Esto es a la vez un consuelo y un reto. Es un consuelo porque no somos responsables de corregir todos los males en nuestros lugares de trabajo, sino sólo de actuar fielmente en nuestras esferas de influencia, y también porque la injusticia que podemos sufrir en el trabajo no es la realidad última de nuestro trabajo. Es un reto porque estamos llamados a enfrentarnos al mal en nuestras esferas de influencia, aunque nos cueste la carrera. Daniel estaba aterrorizado por la seriedad del mensaje que tenía que entregar a Nabucodonosor: "*Por tanto, oh rey, que mi consejo te sea aceptable: pon fin a tus pecados haciendo justicia, y a tus iniquidades mostrando misericordia a los pobres*" (Dan **4:27**).

2. Debemos aceptar nuestra posición con humildad y no con arrogancia. Hemos visto cómo Daniel afirmó que

la sabiduría no era suya. Asimismo, en el primer capítulo, cuando a Daniel se le ordenó comer en la mesa del rey, no respondió con arrogancia, sino que "*rogó al príncipe que no se contaminase*" (Dan **1:8**). Luego se tomó el tiempo necesario para comprender la situación desde el punto de vista del oficial. Manteniéndose fiel a sus principios, encontró un acuerdo mutuo que no ponía a su jefe entre la espada y la pared: "*Te ruego que pongas a prueba a tus siervos durante diez días*" (Dn **1:12**). Como creyentes en el lugar de trabajo, podemos confundir adoptar una postura firme por Cristo con obstinación o beligerancia.

Juntos, estos dos puntos ilustran las posibilidades y los peligros de aplicar el libro de Daniel a nuestra vida laboral. A veces reconocemos que, para ser fieles a Dios, debemos desafiar a quienes detentan el poder. Pero, a diferencia de Daniel, carecemos de una recepción perfecta de la Palabra de Dios. El hecho de que creamos firmemente en algo no significa que proceda realmente de Dios. Así que si incluso Daniel fue humilde en su servicio a Dios, imagínate cuánto más humildes deberíamos ser nosotros. Una afirmación como: "*Dios me dijo en un sueño que tendré un ascenso que me pondrá por encima de todos ustedes*", es algo que probablemente no deberíamos compartir, no importa cuán firmemente lo creamos. Tal vez sea mejor creer que Dios le está diciendo a la gente que nos rodea lo que quiere que sepan, en lugar de que se lo digamos nosotros.

Recompensa por el testimonio fiel a Dios a pesar del sufrimiento (Daniel 3)

Por la gracia de Dios, la humildad de Daniel le permitió prosperar en la corte de Nabucodonosor, incluso cuando Dios preparaba la destrucción del reino del rey. Sin embargo, Daniel y sus amigos estaban a punto de sufrir un nuevo ataque de la arrogancia de Nabucodonosor. A diferencia de los capítulos **1** y **2**, en el capítulo **3** es su fidelidad a Dios lo que les lleva al sufrimiento. Sin embargo, en medio de su sufrimiento, Dios les recompensa por su fidelidad.

Por un momento, parece que Nabucodonosor ha renunciado a su arrogancia, se ha sometido a Dios y ha evitado que su reino sea derrocado por el poder de Dios. Desgraciadamente, sin embargo, el mismo sueño que llevó a Nabucodonosor a reconocer la mano de Dios sobre Daniel pudo haber llevado también al rey a construir una imagen de oro y obligar a todos sus súbditos a adorarla (Dan **3:1**, **5-6**). La construcción representaba el renacimiento del orgullo del rey babilónico. Esta gigantesca estructura (de más de **27** metros de altura) se construyó al nivel de la *"llanura de Dura"*, lo que exageraría la imponente presencia de la imagen (Dan **3:1**).

Los desacreditados astrólogos del rey vieron la oportunidad de vengarse de Daniel. Aprovechando el resurgimiento del orgullo del rey, acusaron a los amigos de Daniel de no adorar la imagen (Dan **3:8-12**). Los amigos admitieron rápidamente su culpa y se negaron a postrarse ante la imagen, a pesar de la amenaza del rey de arrojarlos al horno de fuego (Dan **3:13-18**). Después de años de manejar con éxito la tensión entre el ambiente pagano de la corte babilónica y su fidelidad a Dios, se encontraron en una situación en la que no se podía hacer ninguna concesión sin violar su integridad. Antes habían sido ejemplos de cómo avanzar siguiendo a Dios en un entorno hostil, pero ahora tenían que convertirse en ejemplos de cómo sufrir en ese mismo entorno.

Sadrac, Mesac y Abednego respondieron diciendo al rey Nabucodonosor No tenemos necesidad de responderte sobre este asunto. Ciertamente nuestro Dios, a quien servimos, puede librarnos del horno de fuego; y por tu mano, oh rey, él nos librará. Pero si no lo hace, debes saber, oh rey, que no serviremos a tus dioses ni adoraremos la estatua de oro que has levantado. (Dan **3:16-18**).

Es raro que los cristianos trabajadores de hoy se enfrenten a una hostilidad tan extrema, al menos en el mundo occidental. Sin embargo, puede que se nos pida hacer algo que perturbe nuestra tranquila conciencia. O, lo que es más probable, puede que un día nos despertemos y nos demos cuenta de que ya hemos comprometido los deseos de Dios para nuestro trabajo a través de los objetivos que perseguimos, el poder que ejercemos, las relaciones que gestionamos mal o los compromisos que asumimos. En cualquier caso, puede llegar un día en que nos demos cuenta de que tenemos que hacer un cambio radical, como decir no, ser despedidos, dimitir, denunciar o defender a otra persona. Lo correcto sería esperar que haya sufrimiento. El hecho de que estemos haciendo la voluntad de Dios no significa que Dios vaya a evitar que afrontemos las consecuencias impuestas por las autoridades. Trabajar como cristiano no es otro atajo hacia el éxito, sino que conlleva el riesgo constante del sufrimiento.

Este incidente es especialmente conmovedor porque demuestra que Daniel y sus amigos vivían en el mismo mundo que nosotros. En nuestro mundo, si te enfrentas a un jefe por acoso sexual o falsificación de datos, por ejemplo, es probable que seas castigado, marginado, culpado, incomprendido e incluso despedido. Incluso si consigues poner fin al abuso y apartar al agresor del poder, tu reputación puede quedar irreparablemente dañada. Es tan difícil demostrar que tenías razón, y la gente es tan reacia a implicarse, que la institución puede decidir protegerse deshaciéndose de ti junto con el verdadero agresor. Aparentemente, Sadrac, Mesac y Abednego no esperaban menos, pues reconocieron de inmediato la posibilidad de que Dios no interviniera en su caso. *"Ciertamente nuestro Dios, a quien servimos, puede librarnos del horno de fuego ardiendo; y de tu mano, oh rey, nos librará. Pero si no lo hace, debes saber, oh rey, que no servimos a tus dioses"* (Dn **3,17-18**). A pesar de todo, lo correcto para ellos era ser fieles a Dios, fuera o no el camino del éxito.

En esta situación, son un verdadero ejemplo para nosotros. Debemos aprender a decir claramente y con humildad lo que es correcto en nuestros lugares de trabajo. El General Peter Pace, antiguo Jefe del Estado Mayor Conjunto del Ejército de Estados Unidos, dice: *"He llegado a admirar realmente algo que yo llamo coraje intelectual".* Es la capacidad de sentarse en una sala llena de gente muy poderosa, ver que la conversación va en una determinada dirección, darse cuenta de que algo va mal y tener el valor de decir: 'Mi perspectiva es diferente por las siguientes razones'". En la práctica, y por lo general, el valor es el resultado de la preparación. Los amigos de Daniel conocían los peligros inherentes a su postura y estaban preparados para afrontar las consecuencias de mantenerse firmes en sus convicciones. Tenemos que saber dónde están los límites éticos en nuestro lugar de trabajo y pensar detenidamente de antemano cómo responderíamos si se nos pidiera hacer algo contrario a la Palabra de Dios. El consejo de un profesor de toda la vida en la Escuela de Negocios de Harvard es: "*En cualquier trabajo que aceptes, debes tener claras de antemano las situaciones que podrían hacerte renunciar, y debes practicar tu discurso de renuncia. De lo contrario, puedes dejarte llevar paso a paso y acabar haciendo casi cualquier cosa*".

Humillación del rey pagano (Daniel 4)

Los capítulos 4 y **5 de** Daniel deben leerse juntos. El tema de ambos es la humillación o derrocamiento del reino pagano. La gloria de Babilonia es el escenario común en el que vemos la humillación de Nabucodonosor en el capítulo 4 y la caída del rey Belsasar en el capítulo **5**.

En el capítulo **4**, tanto la magnificencia de Babilonia como la arrogancia del rey alcanzaron su apogeo, pero una vez más el rey se vio turbado por los sueños. Vio un enorme árbol cuya *"copa llegaba hasta el cielo"* (Dan **4:11**), que daba fruto y cobijo a todos los animales. Pero *"un centinela, un santo, que bajaba del cielo"* (Dan **4:13**), ordenó cortar el árbol y dispersar a los animales. En el sueño, la vid se convierte en un hombre cuya mente ha sido cambiada por la de un animal y que se ve obligado a vivir entre los animales y las plantas durante mucho tiempo (Dan **4:13-16**). El rey ordenó a Daniel que interpretara el sueño, por lo que Daniel tuvo que volver para dar una noticia desagradable a un monarca emocionalmente inestable (Dan **4:18-19**). La interpretación fue que el árbol representaba al propio Nabucodonosor, quien, como castigo por su arrogancia, enloquecería y se vería obligado a vivir como un animal salvaje hasta que comprendiera que *"el Altísimo gobierna el reino de los hombres y lo da a quien le place"* (Dan **4:25**). A pesar de esta severa advertencia, Nabucodonosor persistió en su orgullo, e incluso se jactó: "*¿No es ésta la gran Babilonia que he edificado para residencia real con la fuerza de mi poder y para gloria de mi majestad?*". (Dan **4:30**). Como resultado, fue castigado como se predijo en su sueño (Dan **4:33**). Sin embargo, es posible que la interpretación confrontativa de Daniel marcara la diferencia, porque después de un largo período en el desierto, el rey se arrepintió y glorificó a Dios, recuperando tanto su cordura como su reino (Dan **4:34-37**). La firmeza de las palabras de Daniel no persuadió al rey para que abandonara su arrogancia antes de que sobreviniera el desastre, pero sí abrió una puerta para el arrepentimiento y la restauración del rey después.

A veces, adoptar una postura firme, respetuosa y basada en principios también puede provocar cambios en nuestro lugar de trabajo. Un consultor de una empresa internacional de consultoría de gestión -llamémosle Vince- cuenta una historia sobre cómo tratar con una persona autoritaria. Vince fue asignado para dirigir a un grupo de empleados jóvenes y prometedores en una gran empresa industrial cliente de la firma. Al principio del proyecto, un socio mayoritario de la empresa estaba dando unas palabras de ánimo al equipo cuando uno de los miembros del equipo del cliente -le llamaremos Gary- le interrumpió. Gary empezó a cuestionar la validez del proyecto. "*Antes de embarcarnos en este proyecto*", dijo Gary, "*creo que deberíamos evaluar si las consultoras como la suya aportan realmente algo de valor a sus clientes. He leído algunos artículos que dicen que es posible que este tipo de estudio no sea tan útil como pensáis*". El socio mayoritario encontró la manera de continuar su perorata, pero luego le dijo a Vince: "*Saca a Gary del equipo*". Vince -consciente del mandato de Jesús de perdonar a un hermano setenta veces siete (Mateo, **18:22**)- pidió permiso para ver si conseguía que Gary cambiara de actitud. Dijo: "*No me parece justo perjudicar su carrera por un error, por grande que haya sido*". A lo que el socio contestó: "Tienes dos semanas, y tú también te estás poniendo en peligro". Por la gracia de Dios -según Vince- Gary vio la validez del proyecto y se lanzó al trabajo con entusiasmo. El socio vio el cambio y al final del proyecto le dio a Gary un reconocimiento especial en el banquete de clausura. La firme postura de Vince marcó la diferencia para Gary y su empresa.

El derrocamiento del reino pagano (Daniel 5)

El capítulo **5** pasa de la humillación del rey pagano a la destrucción total del imperio babilónico. Pocos imperios del mundo antiguo eran tan extravagantes como Babilonia. Era una fortaleza inexpugnable con dos murallas, una interior y otra exterior, de casi dieciocho kilómetros de longitud y algo más de doce metros de altura. Un bulevar procesional conducía a la gran Puerta de Ishtar, una de las ocho puertas de la ciudad, construida con ladrillos de color azul brillante. La ciudad contaba con cincuenta templos y numerosos palacios. Los famosos *"Jardines Colgantes"*, que conocemos sobre todo gracias a los historiadores antiguos, eran una de las Siete Maravillas del Mundo. Sin embargo, tras la muerte del intimidante Nabucodonosor en el **562** a.C., la ciudad sólo tardó veinte años en caer. El rey persa Ciro (**559-530 a.C.**) tomó la ciudad en **539** a.C. sin resistencia significativa.

Este cambio trascendental en el panorama político se narra desde la perspectiva de lo ocurrido en el palacio del nuevo gobernador, Belsasar, la noche de la caída de la ciudad. En un fastuoso banquete, Belsasar profanó los vasos sagrados judíos del templo de Jerusalén y blasfemó contra el Señor mientras la cena se convertía en una orgía de borrachos (Dan **5:1-4**). Entonces *"de repente aparecieron los dedos de una mano humana y comenzaron* *a escribir en la parte blanqueada de la pared frente al candelabro"* (Dan **5:5**). Belsasar, el orgulloso gobernante del gran imperio de Babilonia, se asustó tanto al ver la escritura en la pared que su rostro palideció y sus rodillas se doblaron (Dn **5:6**). Ni él ni sus magos, astrólogos o adivinos pudieron entender lo que significaba (Dn **5:7-9**), sólo Daniel pudo entender el mensaje de condena: *"No has glorificado al Dios que tiene tu aliento en su mano y es dueño de todos tus caminos... has sido pesado en la balanza y hallado falto... tu reino ha sido dividido y entregado a medos y persas"* (Dan **5:23**, **27-28**). Y en efecto, *"aquella misma noche fue muerto Belsasar, rey de los caldeos. Y Darío el Medo recibió el reino"* (Dan **5:30-31**).

Al final, Dios pone fin al reino del mal. La gran esperanza del pueblo de Dios es la victoria final del Señor, no nuestra propia eficacia. En cualquier caso, debemos florecer allí donde estamos plantados, y cuando surge la oportunidad, podemos y debemos marcar la diferencia. El modelo que vemos en las páginas de Daniel es de participación, no de aislamiento. Nuestra participación en el mundo, sin embargo, no se basa en la esperanza de alcanzar algún tipo de éxito o de que Dios nos haga inmunes al sufrimiento que vemos a nuestro alrededor. Se basa en el conocimiento de que todo lo bueno que sucede en medio del mundo caído es sólo una muestra de la incomparable bondad que veremos cuando Dios traiga su propio reino a la tierra. Al final, es más importante preguntar: *"¿De qué lado estás?"* que preguntar: *"¿Qué has hecho por mí últimamente?"*.

La agonía y la recompensa por un testimonio fiel a Dios dentro del proceso (Daniel 6)

El capítulo **6** retoma un tema introducido por primera vez en el capítulo **3**: que los que dan testimonio fiel de Dios experimentarán sufrimiento y recompensa, incluso durante la existencia del reino pagano. El capítulo **6** relata una conspiración contra la vida de Daniel que ocurrió durante el reinado del monarca persa Darío el Grande (**522-486** a.C.). Debido a la capacidad de Daniel, fue ascendido a gobernar todo el nuevo imperio, rindiendo cuentas sólo al propio rey (Dan **6:3**). Pero sus rivales urdieron un plan que explotaba la única vulnerabilidad que tenía: su hábito diario de rezar a su Dios. Los conspiradores engañaron a Darío para que prohibiera durante treinta días toda expresión religiosa, excepto la oración al rey. La pena era la muerte en la boca del lobo. Para su disgusto, Darío no pudo revocar el decreto, ya que, según la tradición, *"la ley de los medos y los persas... no puede ser revocada"* (Dan **6:8**). Aunque Darío era el hombre más poderoso de la época, se ató las manos e hizo imposible salvar a su mayordomo favorito. El rey dijo a Daniel: *"Tu Dios, a quien sirves con perseverancia, te librará"* (Dan **6:16**). Y efectivamente, el ángel del Señor hizo lo que el rey quería pero no podía hacer. Aquella noche arrojaron a Daniel al foso de los leones, pero por la mañana salió sin una herida (Dan **6:17-23**). Esto hizo que el rey promulgara un decreto de reverencia al Dios de Daniel y anulara su amenaza de destruir a los judíos por adorar a Dios (Dan **6:26-27**). Ni siquiera las despiadadas leyes de medos y persas pudieron acabar con el pueblo de Dios. El poder de Dios superó el engaño humano y la imposición real.

Sin embargo, Daniel experimentó lo que muchos de nosotros llamaríamos sufrimiento en el proceso. Aunque finalmente fue liberado, ser el blanco de un intento de asesinato patrocinado por el gobierno (Dan **6:4-6**) debió de ser una experiencia difícil. Asimismo, desafiar abiertamente el edicto del rey por una cuestión de conciencia (Dan **6:10-12**) fue un acto peligroso y valiente. Daniel fue arrestado inmediatamente y arrojado al foso de los leones (Dan **6:16-17**). No debemos dejar que la liberación final de Daniel (Dan **6:21-23**) nos haga creer que la experiencia no fue, como mínimo, dolorosa y perturbadora. Hay tres lecciones que podemos aprender del fiel testimonio de Daniel a Dios:

1. Daniel no se limitó a las tareas que estaba seguro de poder realizar con sus propias fuerzas: ¡no hay manera de practicar el ser arrojado al foso de los leones! Hizo su trabajo diario dependiendo de Dios. Daniel oraba tres veces al día (Dan **6:10**) y reconocía a Dios en todos los aspectos difíciles que enfrentaba. Nosotros también debemos darnos cuenta de que no podemos cumplir nuestro llamamiento por nosotros mismos.

2. Daniel fue la encarnación de la llamada que Jesús hizo tiempo después a ser sal y luz (Mt **5,13-16**) en nuestro ministerio. Incluso sus enemigos tuvieron que admitir:

"*No hallaremos motivo de acusación contra este Daniel, a menos que encontremos algo contra él en relación con la ley de su Dios*" (Dan **6:5**). Lo anterior significa que en situaciones difíciles fue capaz de responder con la verdad y provocar un cambio real. Esto ocurre varias veces en las que Daniel y sus amigos defienden cuidadosa y firmemente la verdad y consiguen un nuevo decreto del rey (Dan **2:46-49**; **3:28-30**; **4:36-37**; **5:29**; **6:25-28**).

3. El éxito de Daniel a la hora de provocar el cambio demuestra que Dios está interesado en los problemas cotidianos del gobierno en una sociedad rota. El hecho de que Dios tenga la intención de reemplazar el régimen actual con el tiempo no significa que no esté interesado en hacerlo más justo, fructífero y habitable ahora. A veces no interactuamos con Dios en nuestro trabajo porque creemos que Dios no encuentra importante nuestro trabajo. Sin embargo, todos los trabajadores deberían saber que todas las decisiones son importantes para nuestro Dios. La pregunta que la enseñanza de Daniel plantea al obrero es: "*¿Qué reino estás construyendo? Daniel fue excelente en su oficio, trabajando en favor de los reinos del mundo, y también mantuvo su integridad como ciudadano del reino de Dios*". Su servicio a los reyes paganos era su servicio a los propósitos de Dios. Los trabajadores cristianos deben trabajar bien en el presente, sabiendo que la importancia de nuestro trabajo está en y más allá del aquí y ahora...

Dios Derribará los Reinos Paganos y los Reemplazará con Su Propio Reino (Daniel 7)

El capítulo 7 nos devuelve al primer tema del libro de Daniel: que un día Dios sustituirá los reinos corruptos de este mundo por Su propio reino. Al igual que Daniel y sus amigos, es posible que, por la gracia de Dios, encontremos una manera de arreglárnoslas -e incluso de progresar- como exiliados temporales aquí. Sin embargo, la mayor esperanza que tenemos no es sacar lo mejor de la situación actual, sino esperar con seguridad la alegría del reino venidero de Dios.

Por lo tanto, la perseverancia se convierte en una virtud crucial. Debemos perseverar hasta que Cristo vuelva para arreglar todas las cosas. La perseverancia es una virtud alabada en la filosofía clásica y en la tradición judeocristiana. A veces la encontramos en frases citadas, como la de Einstein: *"No es que sea muy listo, sino que paso más tiempo resolviendo problemas"*. El Nuevo Testamento afirma el valor de la perseverancia: *"Bienaventurado el hombre que soporta la prueba, porque cuando sea hallado digno, recibirá la corona de vida que el Señor ha prometido a los que le aman"* (Stg **1,12**). La perseverancia en la vida del creyente tiene su origen y fundamento en el Señor Dios. No es una cuestión de integridad u honor humano. La integridad cristiana se basa en la veracidad de las promesas del pacto eterno de Dios.

A partir del capítulo 7, el libro de Daniel se convierte en un género abiertamente apocalíptico. La literatura apocalíptica, un tipo especial de predicción profética, describe los acontecimientos catastróficos de los últimos días y se encuentra en muchas partes de la literatura judía y cristiana primitiva. Sus características incluyen un rico simbolismo (capítulo 7), la descripción de la batalla universal final entre el bien y el mal (Dan **11:40-12:4**) y un intérprete celestial que explica el significado de la visión del profeta (Dan **7:16, 23; 8:15; 9:21-23; 10:14**). Se exhorta al profeta a perseverar fielmente hasta que se cumpla la visión (Dan **7:25-27; 9:24; 10:18-19; 12:1-4, 13**). Esta forma literaria enfatiza el mensaje de perseverancia del autor.

Los capítulos 7 a **12** narran las inquietantes visiones de Daniel, que las relata en primera persona. El resultado es una serie de profecías que predicen las tribulaciones del pueblo de Dios a manos de líderes despóticos, pero que terminan con un triunfo asegurado por el libertador designado por Dios. El libro concluye exhortando a Daniel a perseverar: *"Bienaventurado el que espera y llega a mil trescientos treinta y cinco días. Pero tú, sigue hasta el fin; descansarás y te levantarás para recibir tu herencia al final de los días"* (Dan **12:12-13**).

La opresión del pueblo de Dios es un tema constante en estos capítulos (Dan **7:21, 25; 9:26; 10:1**). El opresor - Antíoco IV Epífanes, según revela la historia - se describe con imágenes inquietantes y surrealistas. Es el *"cuerno pequeño"* (la *"abominación desoladora"* de Dan **11:31** y el *"hombre malvado"* de Dan **11:21**) que rechaza a los dioses tradicionales de sus antepasados para erigirse en deidad suprema.

El mensaje de confianza de los capítulos 7 a **12** para los trabajadores es la seguridad de una contabilidad final que recompensará con justicia el trabajo fiel que realizamos en la vida. En el aquí y ahora, el buen trabajo no siempre recibe una recompensa proporcional a sus honorables contribuciones a la sociedad. En muchos casos, sus resultados ni siquiera son visibles para nosotros. Aunque Daniel y sus amigos a menudo hacían cambiar de opinión a los reyes, éstos no tardaban en volver a las andadas. Del mismo modo, en el lugar de trabajo, nuestro papel como sal y luz puede detener el mal, pero a menudo no dará lugar a un cambio duradero. Esto no disminuye nuestra responsabilidad de ser sal y luz, pero los frutos de nuestra labor no serán plenamente visibles hasta que se cumpla el reino de Dios.

Conclusión del Libro de Daniel

El libro de Daniel presenta una imagen esperanzadora de cómo el pueblo de Dios puede sobrevivir e incluso prosperar en un entorno hostil si permanece fiel a Dios. Según el libro de Daniel, Dios se interesa profundamente por la vida cotidiana de las personas y las sociedades en un mundo roto. Dios interviene directamente en la vida cotidiana y también concede a Daniel dones milagrosos que le permiten prosperar bajo un régimen opresivo. Pero el libro de Daniel no promete en modo alguno el éxito en el mundo como recompensa por la fidelidad. En cambio, promete tanto sufrimiento como recompensa en la vida mortal, demostrando que la fidelidad y la integridad son la clave para vivir bien en esta vida y en el reino venidero de Dios.

Daniel y sus amigos ilustran muchas aplicaciones prácticas para los cristianos en el lugar de trabajo: Participar en la cultura, adoptar hábitos para toda la vida que edifican la fidelidad y la virtud, compartir la comunión con compañeros de trabajo cristianos, adoptar un estilo de vida modesto, entablar amistad con los no creyentes, demostrar una humildad genuina, adoptar una postura firme y de principios en situaciones laborales, aceptar los retos que sabemos que no podemos superar sin la ayuda de Dios, llevar sal y luz a nuestros lugares de trabajo, trabajar con excelencia y diligencia en todo lo que hacemos, esperar el sufrimiento como resultado de la fidelidad cristiana en el lugar de trabajo, y perseverar hasta que Dios lleve Su reino -y nuestro trabajo fiel- a buen término. No es posible saber de antemano si nuestra fidelidad a los caminos de Dios se traducirá en éxito o fracaso en el mundo, como tampoco sabían los amigos de Daniel si se salvarían en el horno de fuego o serían consumidos por las llamas. Como ellos, sin embargo, podemos ver que lo que realmente importa es que sirvamos a Dios en nuestro trabajo.

Oseas, Amós, Abdías, Joel y Miqueas ejercieron de profetas en el siglo VIII a.C., cuando el Estado estaba bien desarrollado pero la economía en declive. El poder y la riqueza se acumulaban en las clases altas, dejando a una clase social en desventaja. Hay pruebas de que los agricultores empezaron a centrarse en cultivos comerciales que pudieran venderse a la creciente población urbana. Esto tuvo el efecto desestabilizador de dejar a los campesinos con una combinación de cultivos y animales que no podía soportar la pérdida de ningún cultivo o mercado. Las comunidades campesinas se volvieron vulnerables a las fluctuaciones anuales de la producción y, en consecuencia, las ciudades se vieron expuestas a altibajos en su suministro de alimentos (Am **4:6-9**). Cuando los profetas de esta época empezaron a hablar, los días de gloria de los opulentos proyectos de construcción y expansión territorial ya habían pasado. Tales circunstancias eran un caldo de cultivo para la corrupción de aquellos desesperados por aferrarse a su poder y riqueza en declive, y para una brecha cada vez mayor entre ricos y pobres. En consecuencia, los profetas de Dios de este periodo tienen mucho que aportar al mundo del trabajo.

Don't miss out!

Visit the website below and you can sign up to receive emails whenever Sermones Bíblicos publishes a new book. There's no charge and no obligation.

https://books2read.com/r/B-A-ALQN-CZKLC

BOOKS 2 READ

Connecting independent readers to independent writers.

Did you love *Analizando la Enseñanza del Trabajo en el Libro Profético de Daniel*? Then you should read *Analizando la Enseñanza del Trabajo en los Libros Proféticos de la Biblia*[1] by Sermones Bíblicos!

Descubre el poder transformador de la educación laboral en los libros proféticos de la Biblia. En este fascinante libro, exploraremos las enseñanzas prácticas que podemos aplicar a nuestros días desde un contexto bíblico histórico. A través de relatos cautivadores y citas bíblicas poderosas, descubrirás principios clave para el éxito profesional y las habilidades prácticas necesarias para sobresalir en cualquier entorno laboral.

1. https://books2read.com/u/bwNZKO

2. https://books2read.com/u/bwNZKO

Aprenderás cómo mantener la integridad en medio de la presión, tomar decisiones sabias y éticas, y encontrar tu propósito y pasión en tu trabajo. Aprenderemos cómo mantener nuestra integridad e influencia positiva en un entorno corporativo lleno de retos. Además, descubriremos consejos prácticos para desarrollar nuestras habilidades profesionales, manejar el estrés y encontrar satisfacción en nuestro trabajo diario.Este no es solo otro libro sobre educación o desarrollo profesional; es una guía integral basada en principios sólidos extraídos de los libros proféticos de la Biblia. Si estás buscando una nueva perspectiva para tu vida laboral y deseas crecer tanto personal como profesionalmente desde un fundamento sólido e intemporal como lo es la Palabra de Dios, este libro es para ti.*¡Prepárate para ser capacitado por estas enseñanzas prácticas! ¡Descubre cómo puedes tener éxito en tu carrera mientras vives conforme al propósito divino!*

Also by Sermones Bíblicos

Estudiando El Tabernáculo de la Biblia
El Tabernáculo: Descripción de sus Componentes
Principios Bíblicos para una Iglesia: Ilustrados por El Tabernáculo
El Tabernáculo: En el Desierto y las Ofrendas
El Tabernáculo: Las Ofrendas Levíticas, el Sacrificio de Expiación
El Tabernáculo: Un santuario Terrenal

Estudio Bíblico Cristiano Sobrevolando la Biblia con Enseñanzas de la Sana Doctrina
Estudio Bíblico: Génesis 1. La Creación en Seis Días
Estudio Bíblico: Génesis 2. Estatutos de la Creación
Estudio Bíblico: Génesis 3. La Caída del Hombre
El Tabernáculo: En el Nuevo Testamento
Estudio Bíblico: Génesis 4. Aconteció Andando el Tiempo; Presente, Tributo, Oblación
Estudio Bíblico: Génesis 5. El Mensaje que Dios tiene para Nosotros en esta Genealogía

La Enseñanza en la Clase Bíblica

Claras Palabras Proféticas: La Profecía Hecha Historia
Perspectiva de la Profecía: El Próximo Gran Acontecimiento
Desarrollo Profético de Dios: Las Señales de los Tiempos
Profecía Cronológica: Las Cosas que Sucederán en la Tierra
Seis Días Proféticos en la Biblia

Sermones de C. H. Spurgeon
La Procesión del Dolor

Sobrevolando la Biblia
Símbolos en la Biblia: Sana Doctrina Cristiana

Standalone
Cristo en Toda la Biblia: Estudio Bíblico
Notas en los Cuatro Evangelios: Comentario Bíblico
Analizando Lo que Está por Suceder: Las Profecías de Dios
Himnos del Evangelio
El Tabernáculo en la Biblia: Como Enseñar el Tabernáculo

About the Author

Esta serie de estudios bíblicos es perfecta para cristianos de cualquier nivel, desde niños hasta jóvenes y adultos. *Ofrece una forma atractiva e interactiva de aprender la Biblia,* con actividades y temas de debate que le ayudarán a profundizar en las Escrituras y a fortalecer su fe. Tanto si eres un principiante como un cristiano experimentado, esta serie te ayudará a crecer en tu conocimiento de la Biblia y a fortalecer tu relación con Dios. Dirigido por hermanos con testimonios ejemplares y amplio conocimiento de las escrituras, *que se congregan en el nombre del Señor Jesucristo Cristo en todo el mundo.*

About the Publisher

Editor

Elvis A. Betancourt T. 4135 Stoney Creek Dr., Lincolnton, NC 28092 *elvisbetancourtt@gmail.com*

Contáctenos

Preguntas y comentarios generales: *seminitt25@gmail.com*